AF256611